Las familias

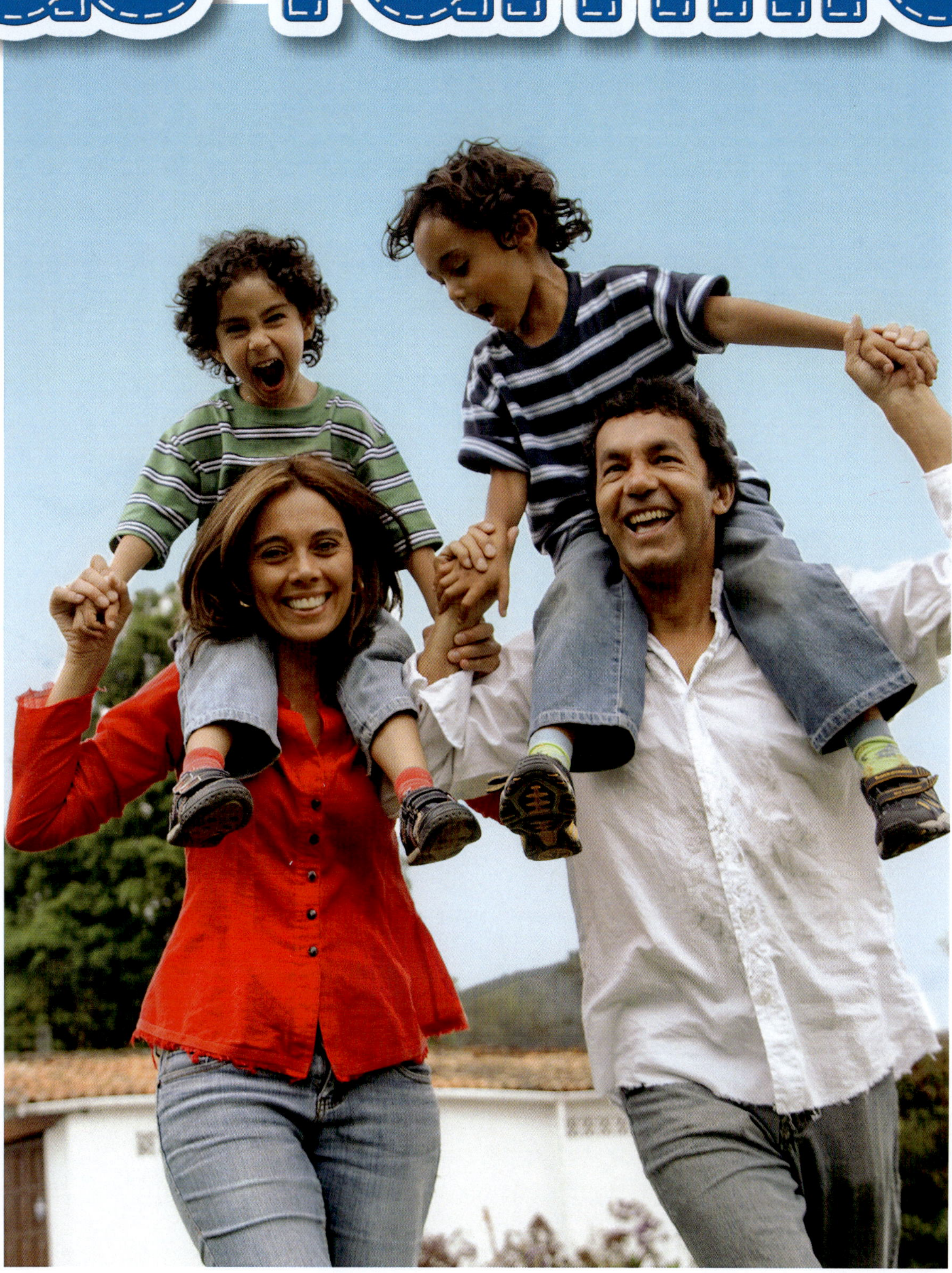

Stephanie Reid

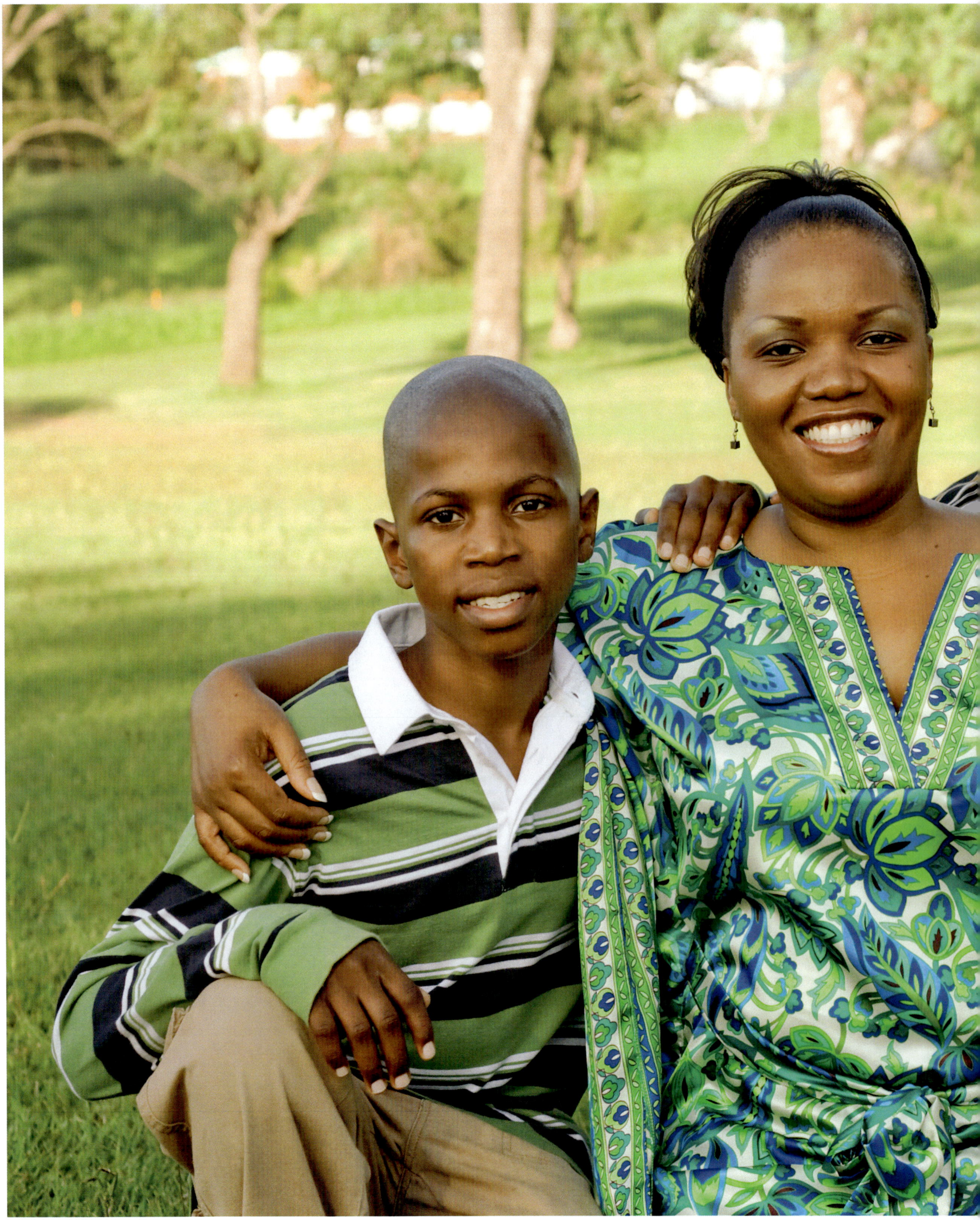

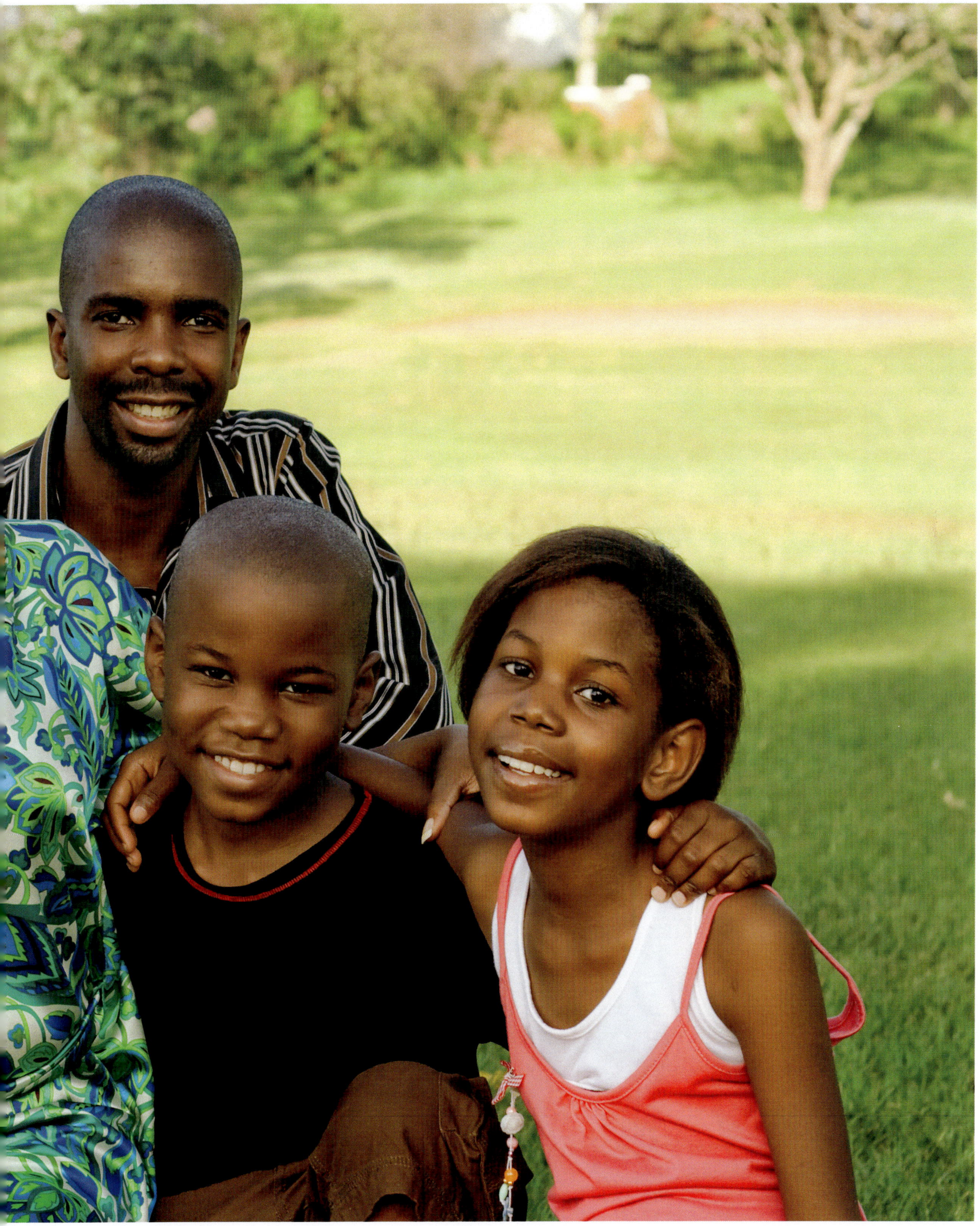

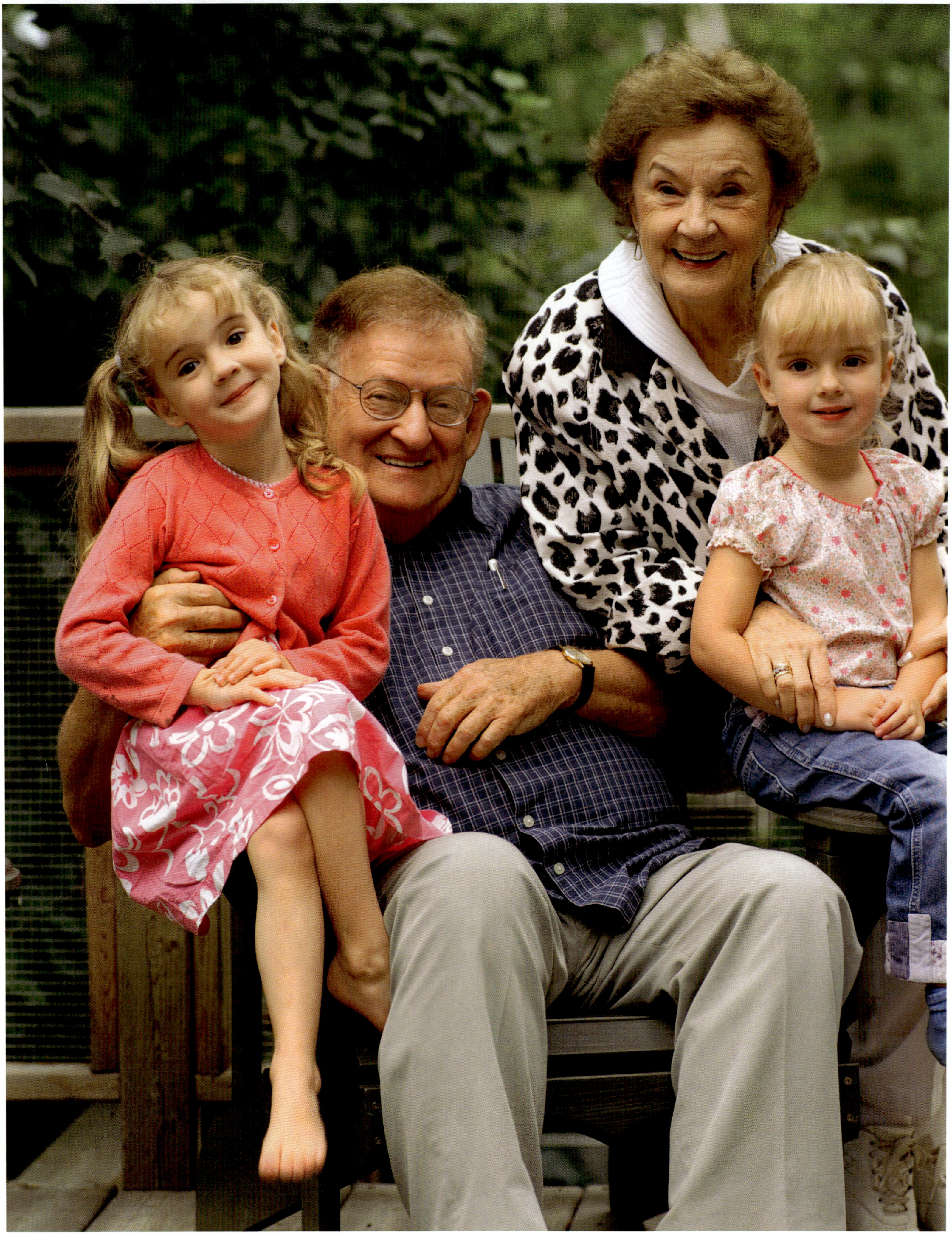

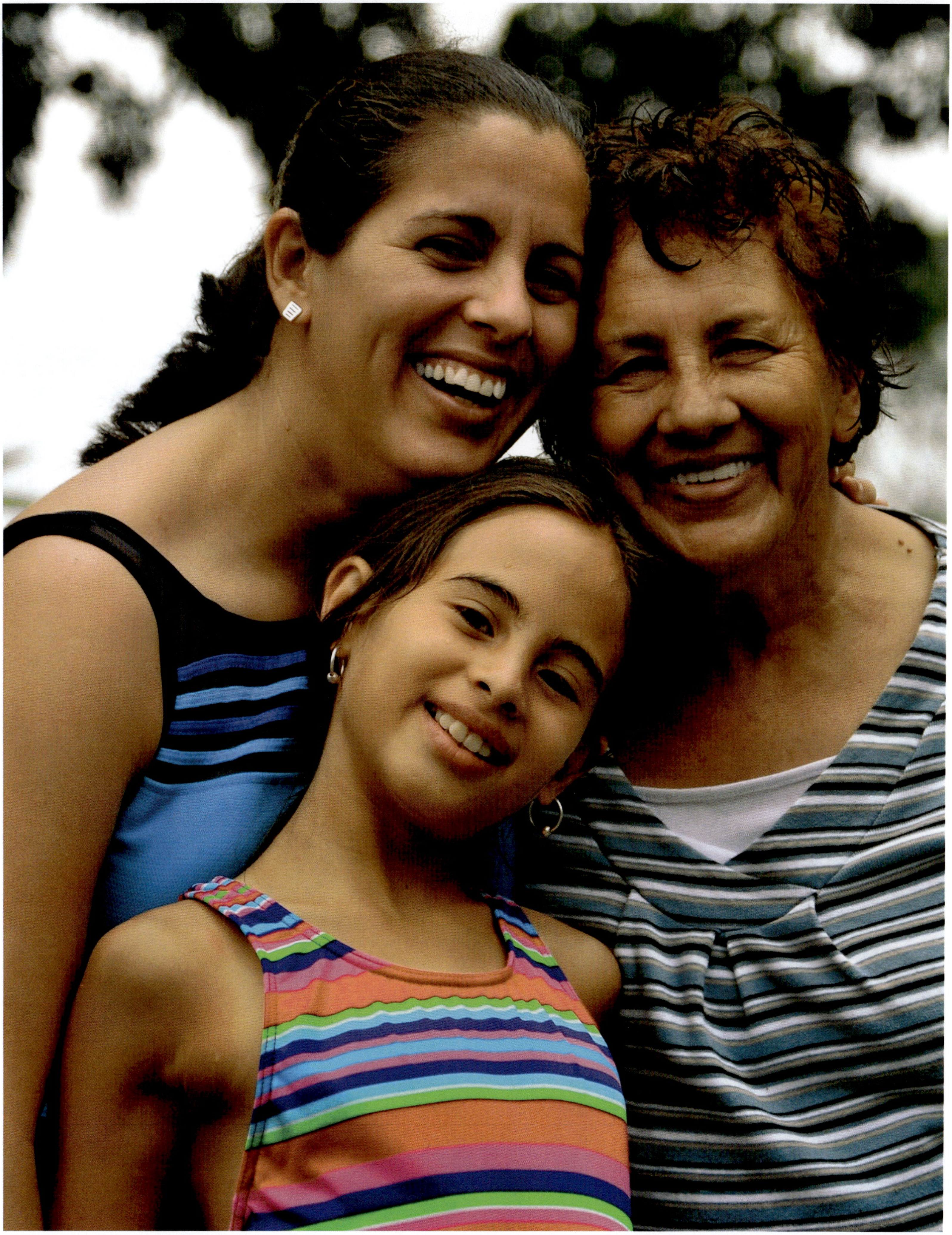

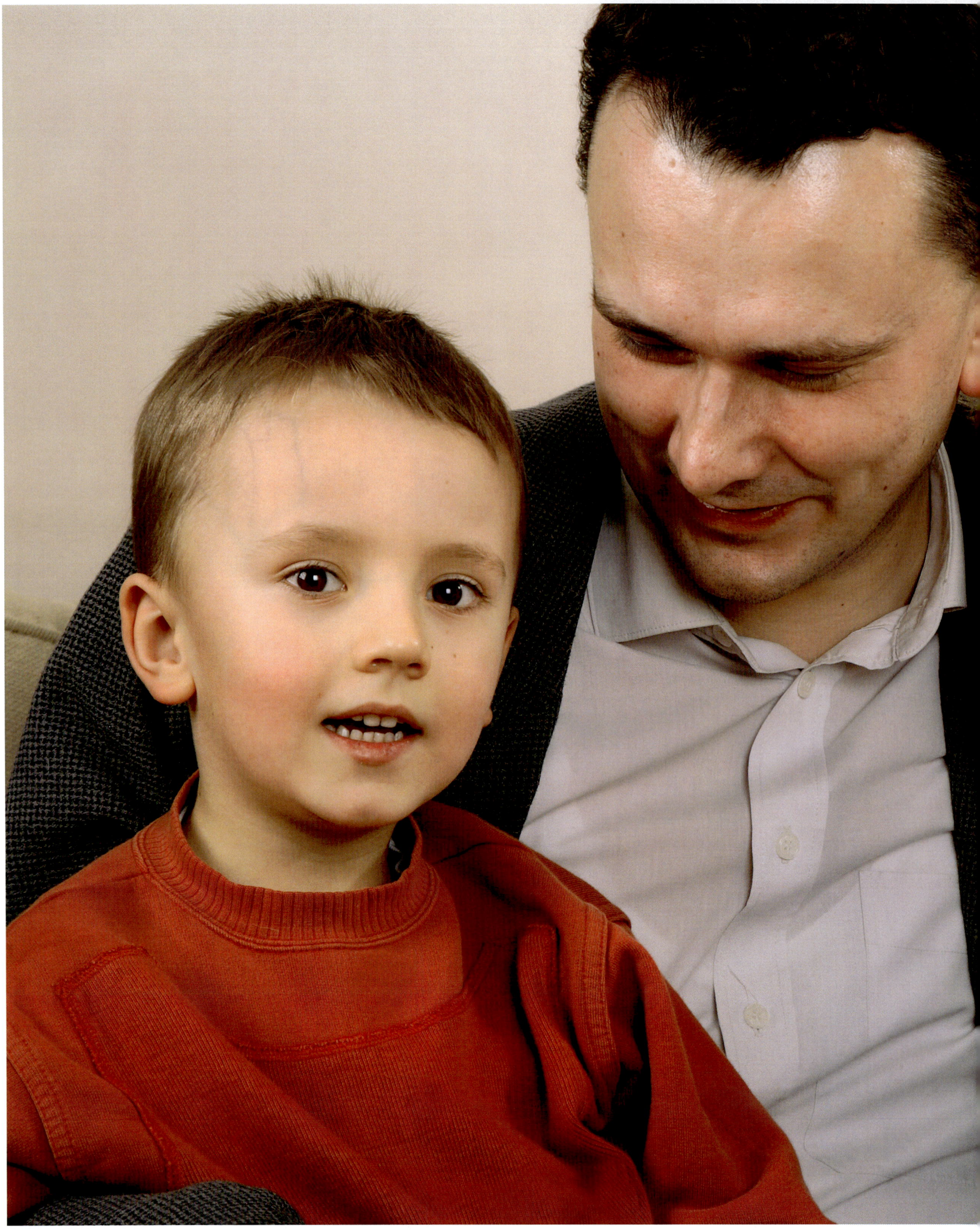

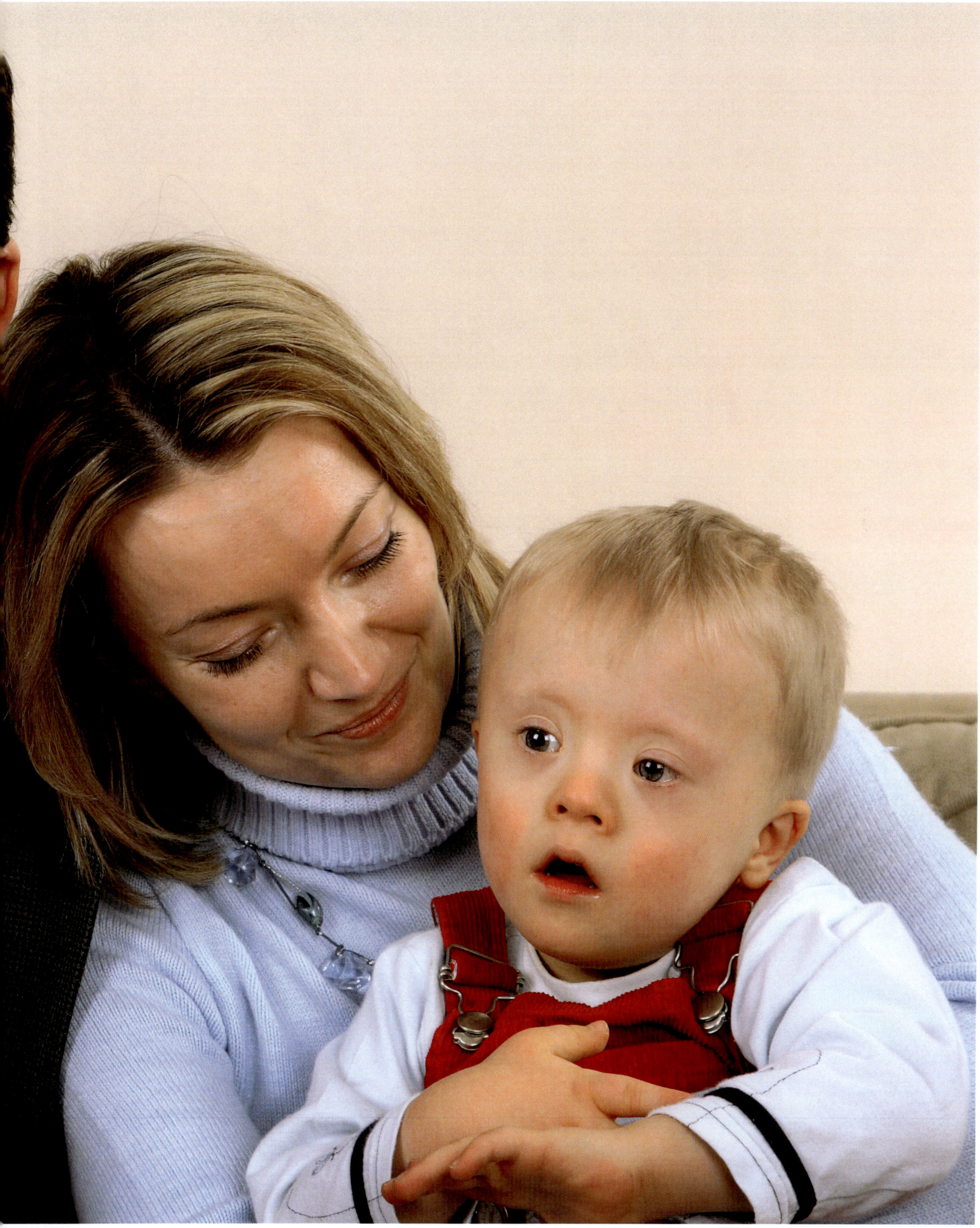

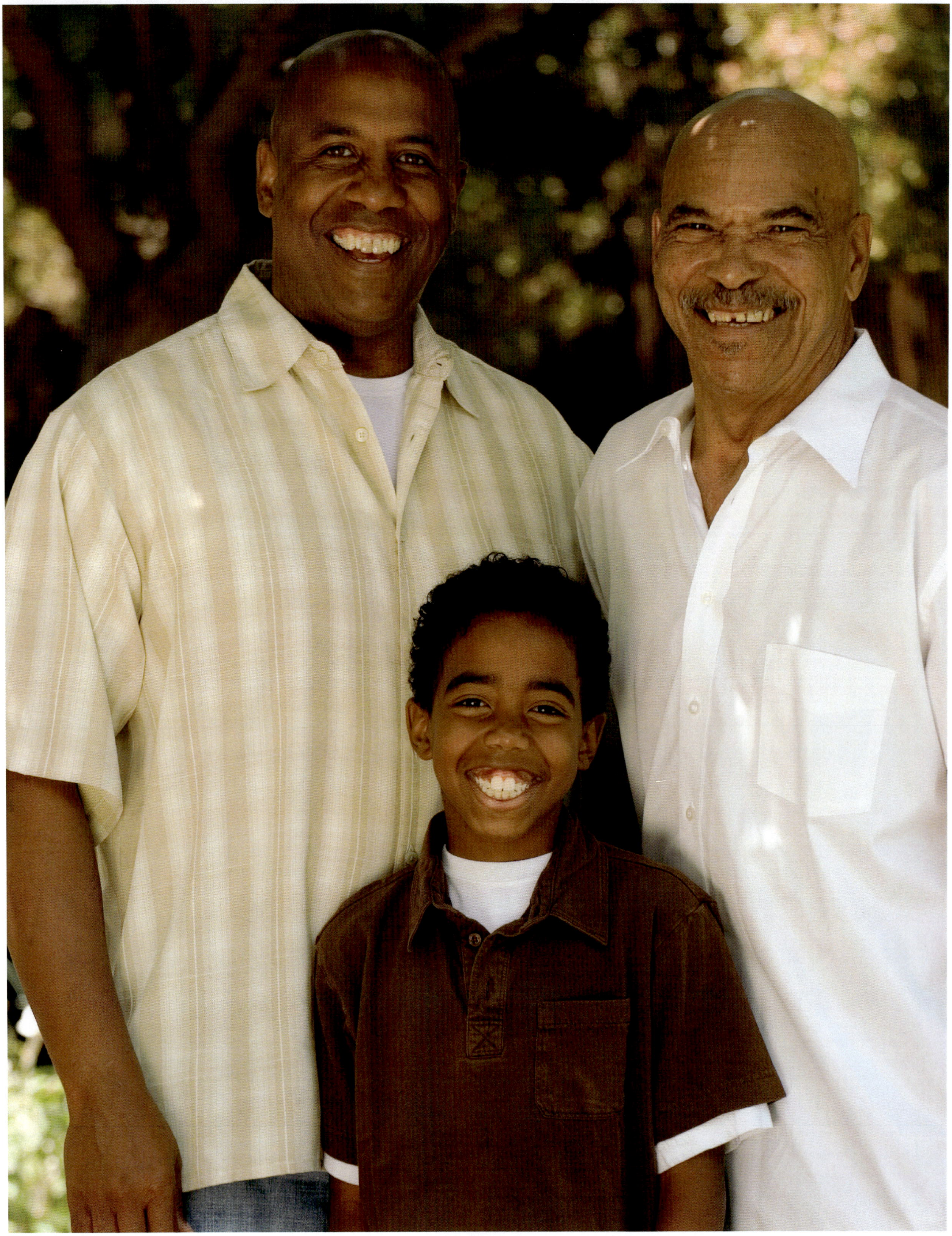

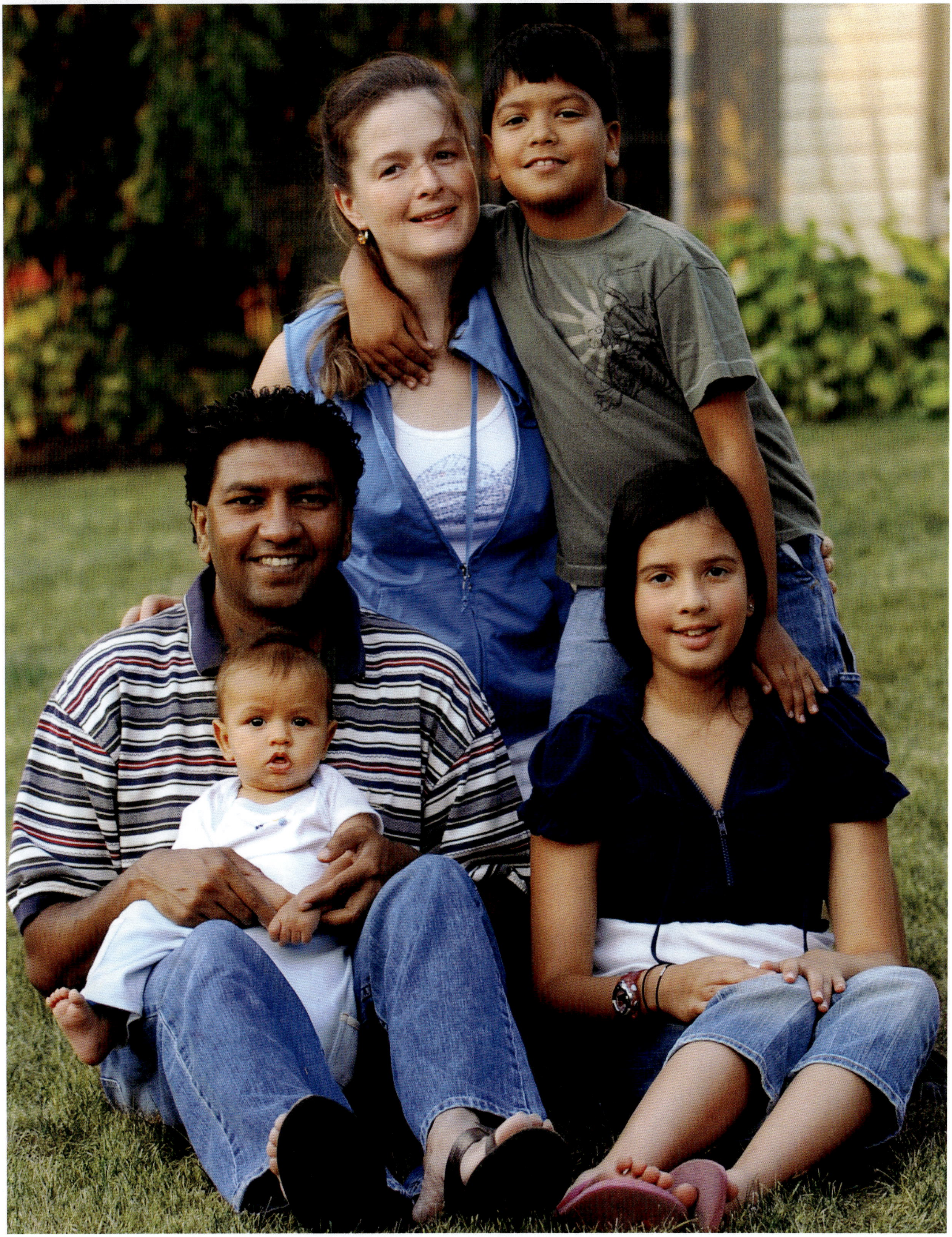

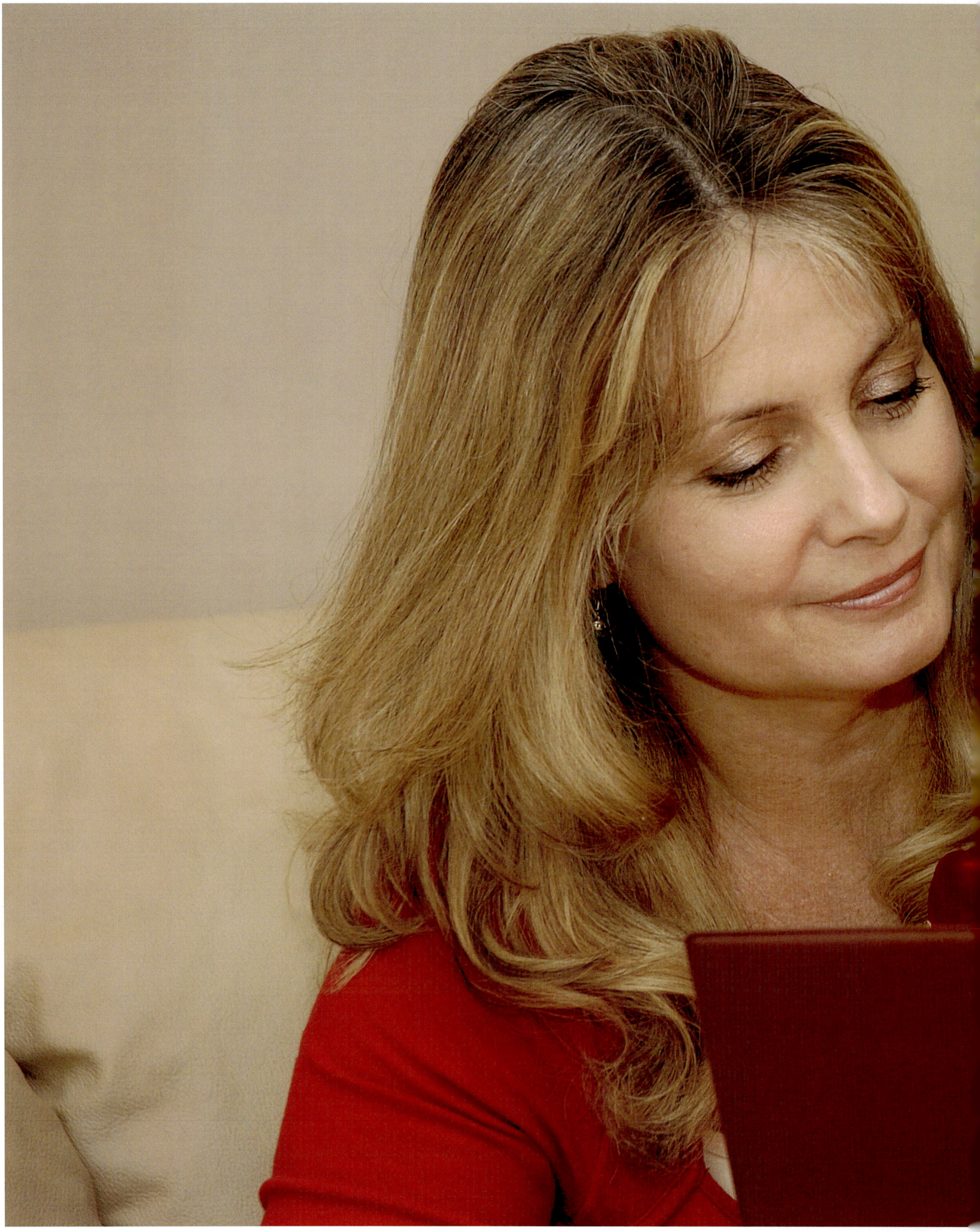

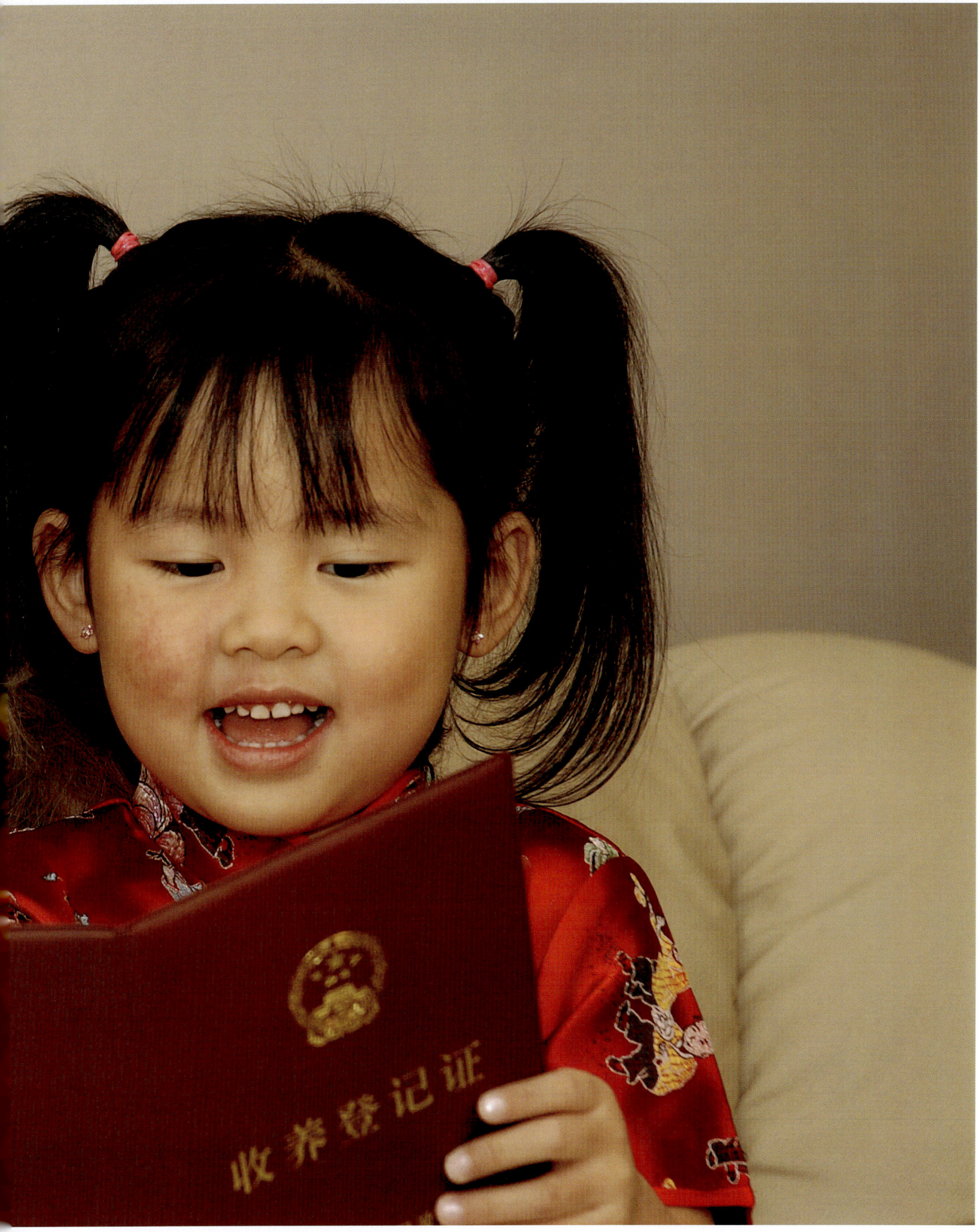
收养登记证

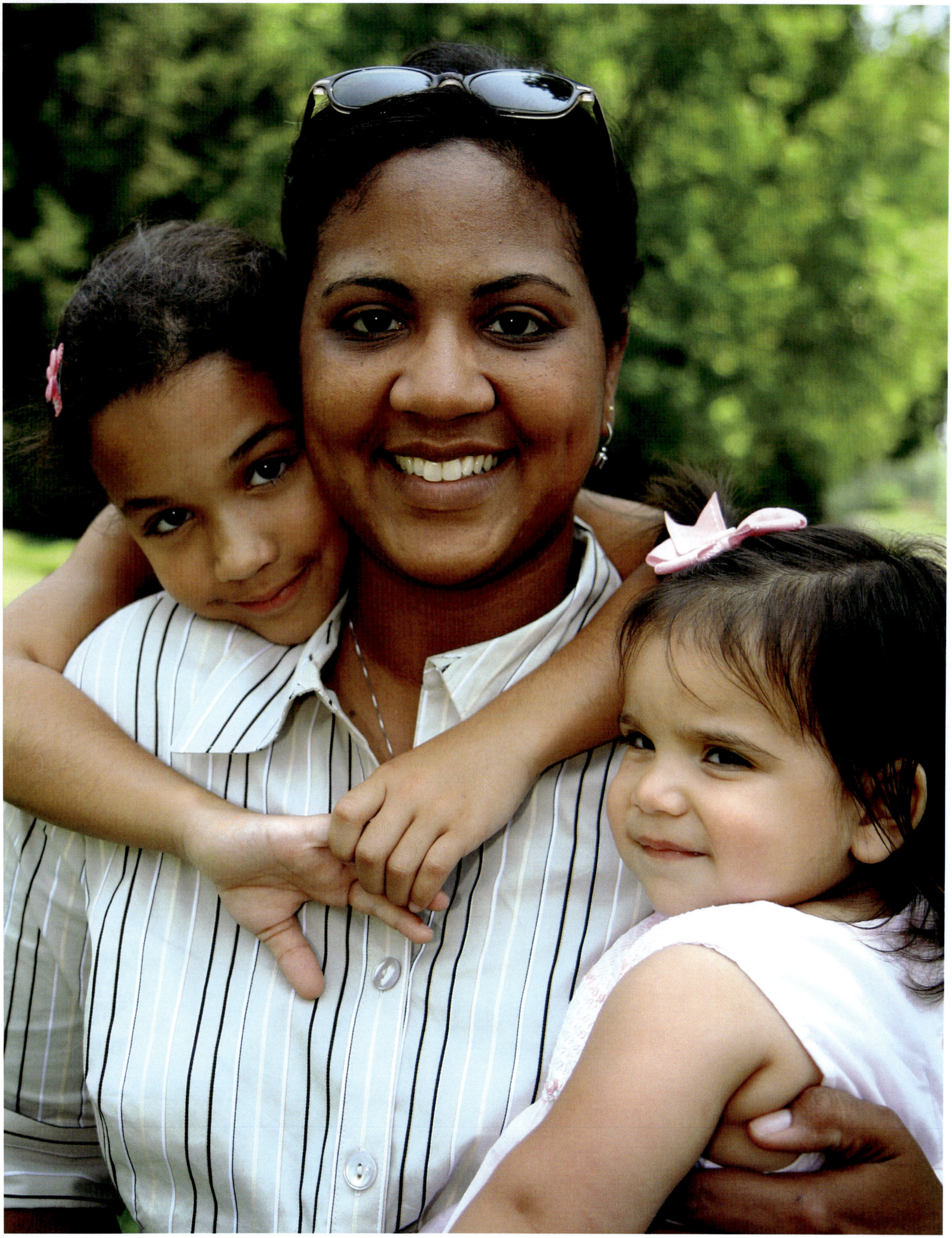

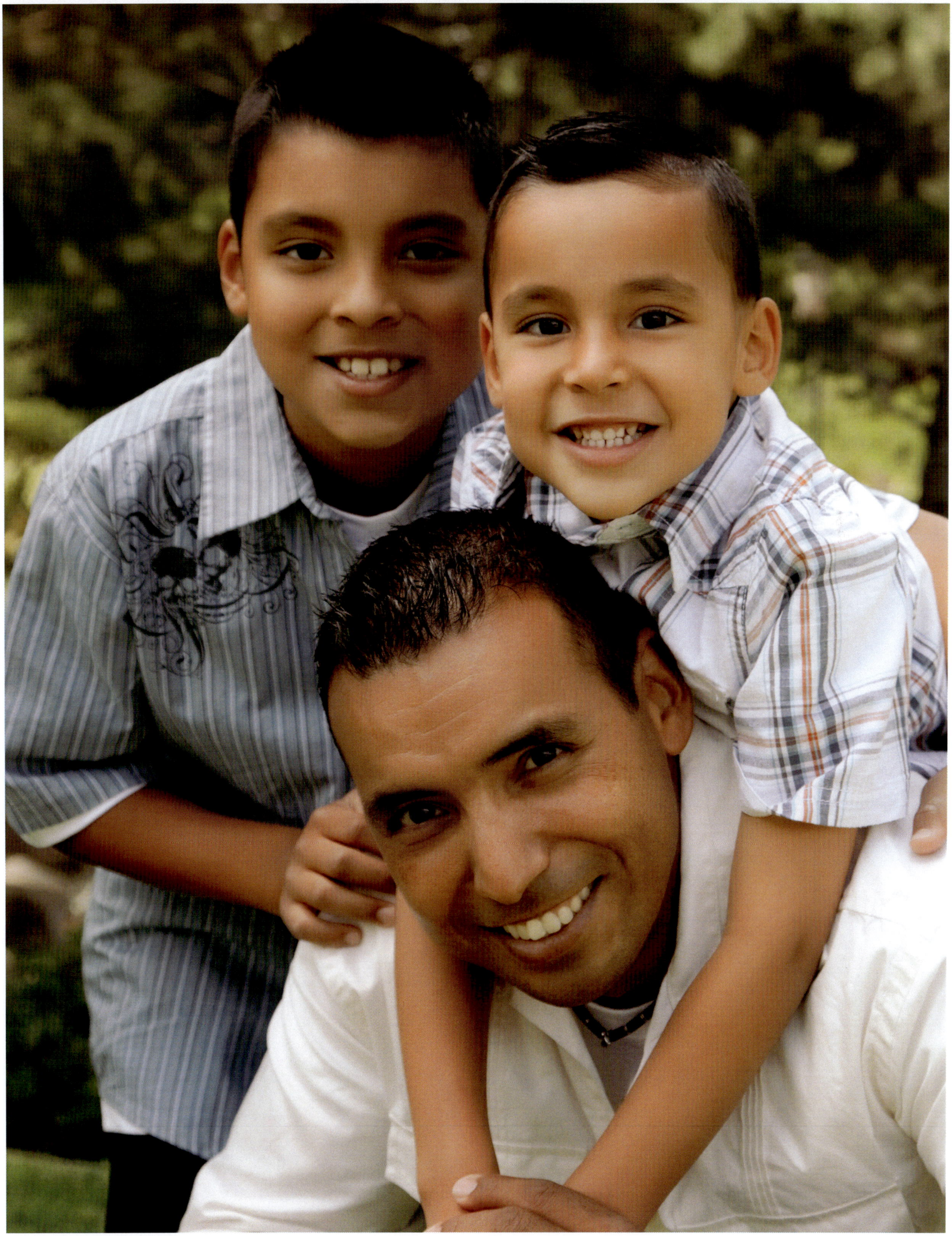

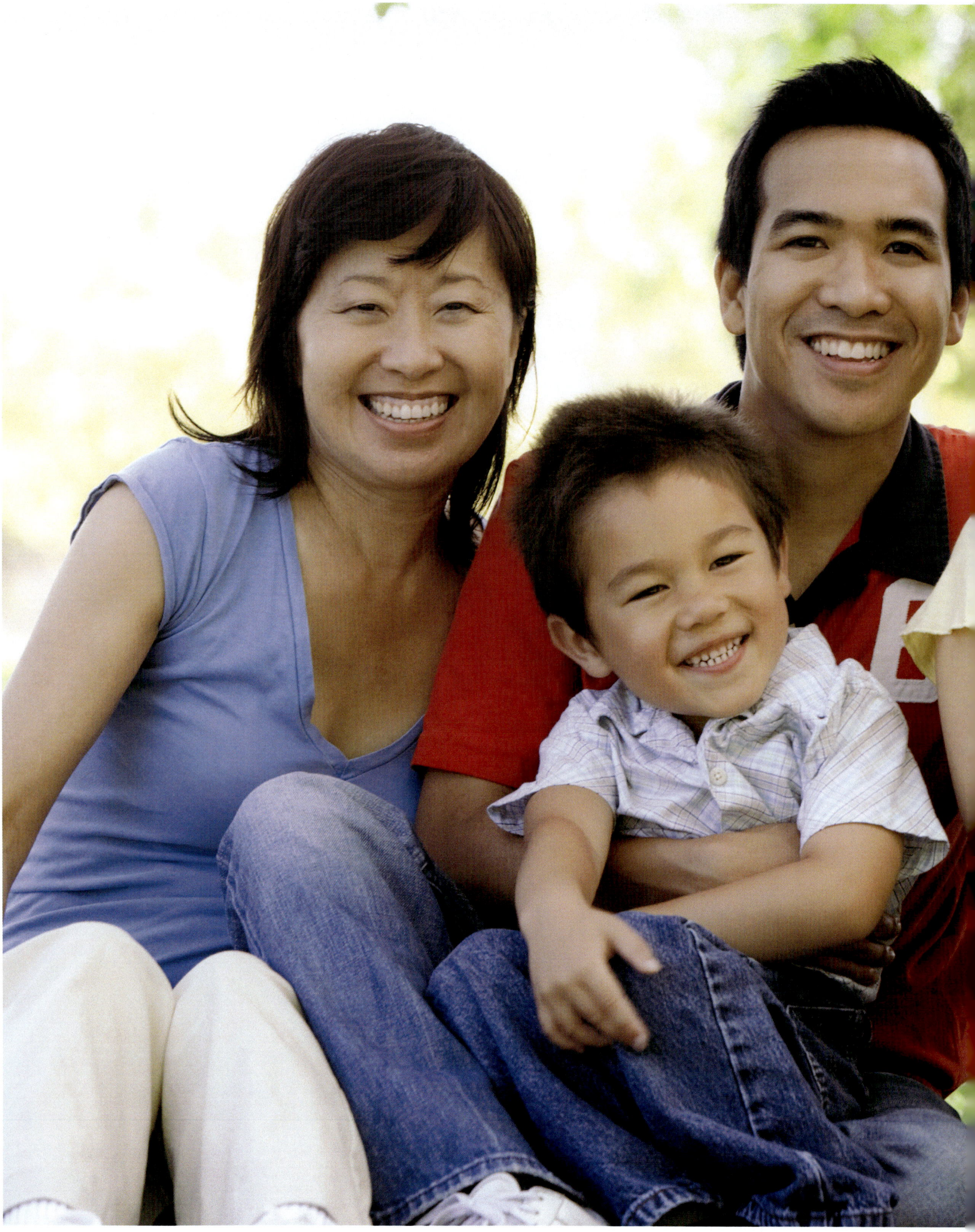

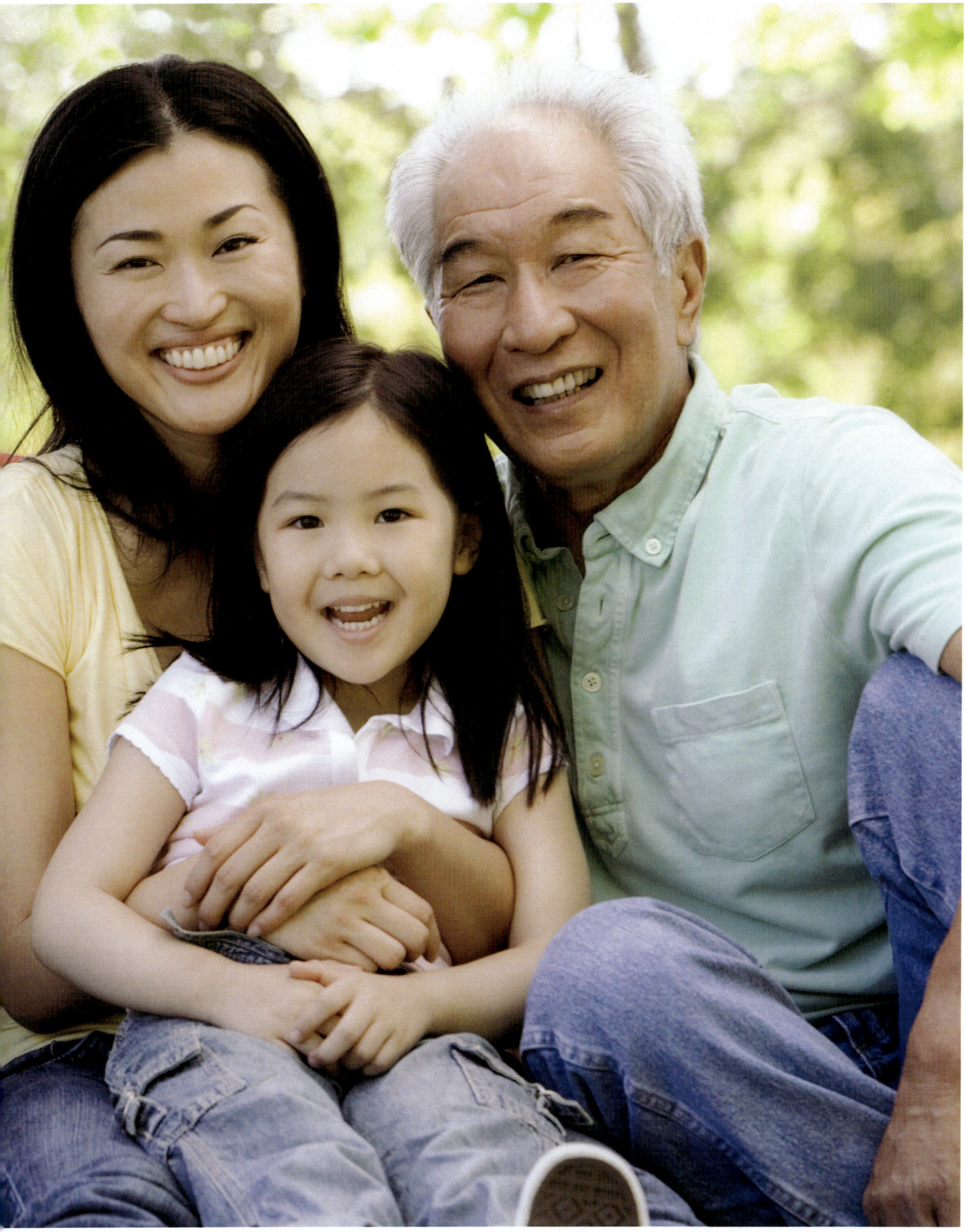

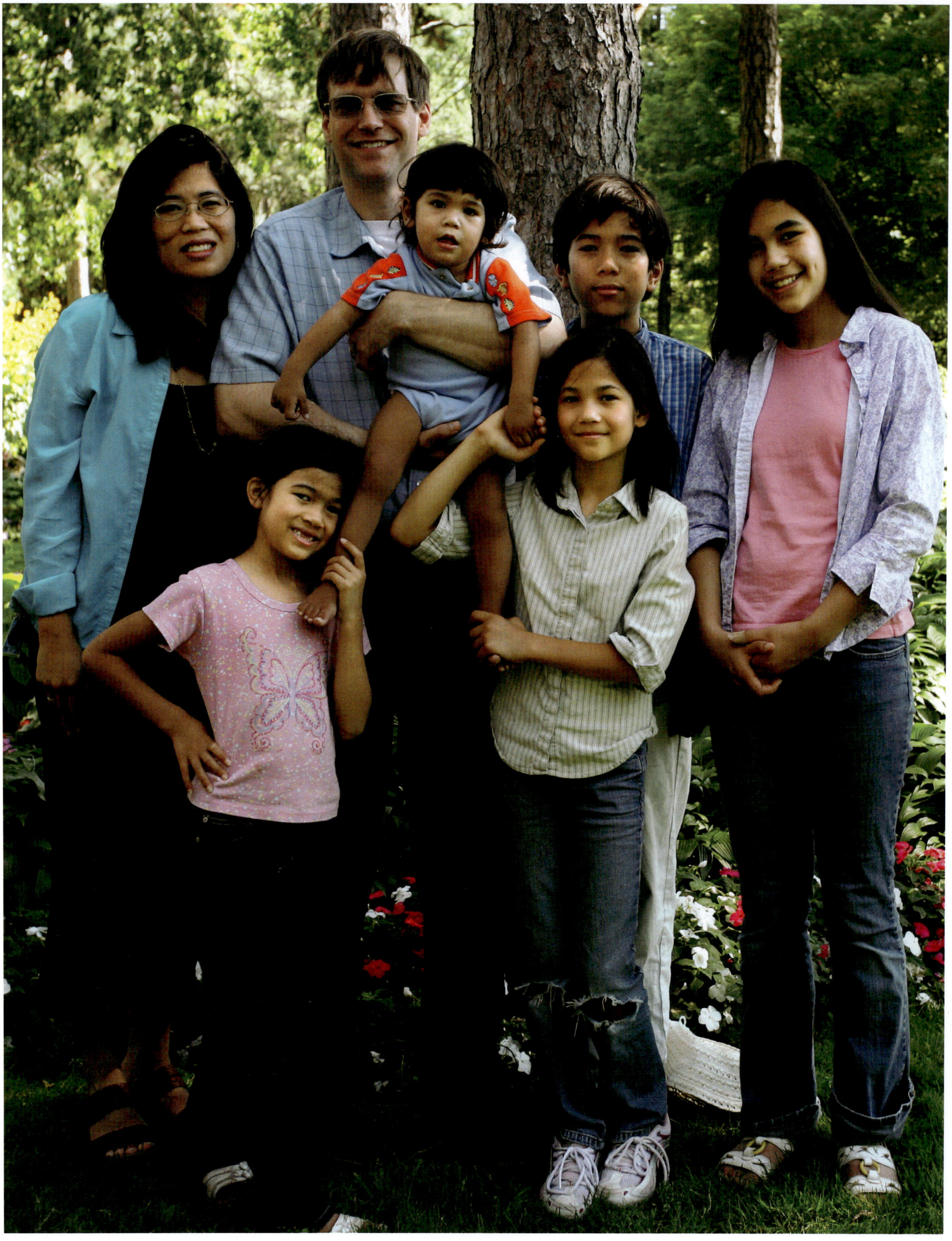